Cornelia Haas · Ulrich Renz

# Mein allerschönster Traum

## Мој најлепши сан
### Moj najlepši san

Zweisprachiges Kinderbuch

Übersetzung:

Karmen Fedeli (Serbisch)

Hörbuch und Video:

# www.sefa-bilingual.com/bonus

Kostenloser Zugang mit dem Kennwort:

Deutsch: **BDDE1314**

Serbisch: **Жао нам је, још није доступно (Sorry, audio or video not yet available)**

Wir arbeiten derzeit daran, Ihnen möglichst viele unserer bilingualen Bücher auch als Hörbücher und Videos zur Verfügung zu stellen. Bitte haben Sie noch etwas Geduld, falls es in Ihrer Sprache noch keine Audio- oder Videoversion gibt! Sie können sich über den Stand unserer Arbeiten auf unserer Webseite informieren:
www.sefa-bilingual.com/languages

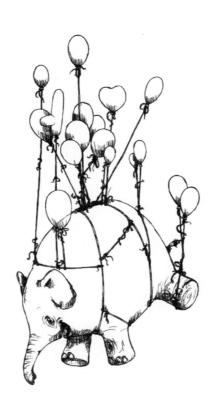

Lulu kann nicht einschlafen.
Alle anderen träumen schon – der Haifisch, der Elefant, die kleine Maus, der Drache, das Känguru, der Ritter, der Affe, der Pilot. Und der Babylöwe. Auch dem Bären fallen schon fast die Augen zu …

Du Bär, nimmst du mich mit in deinen Traum?

Лулу не може да заспи.
Сви остали већ сањају—ајкула, слон, мали миш, змај, кенгур, витез, мајмун, пилот. И лавић. Чак и медведу се скоро затварају очи.
Слушај Медо, да ли ме водиш са собом у твој сан?

Lulu ne može da zaspi. Svi ostali već sanjaju—ajkula, slon, mali miš, zmaj, kengur, vitez, majmun, pilot. I lavić. Čak i medvedu se skoro zatvaraju oči.
Slušaj Medo, da li me vodiš sa sobom u tvoj san?

Und schon ist Lulu im Bären-Traumland. Der Bär fängt Fische im Tagayumi See. Und Lulu wundert sich, wer wohl da oben in den Bäumen wohnt?
Als der Traum zu Ende ist, will Lulu noch mehr erleben. Komm mit, wir besuchen den Haifisch! Was der wohl träumt?

**И већ се Лулу налази у земљи снова медведа. Медвед хвата рибе у Тагајуми језеру. И Лулу се чуди, ко ли то тамо на дрвету живи? Када се сан заврши, Лулу жели да доживи још више. Хајде да посетимо ајкулу! О чему ли она сања?**

I već se Lulu nalazi u zemlji snova medveda. Medved hvata ribe u Tagajumi jezeru. I Lulu se čudi, ko li to tamo na drvetu živi? Kada se san završi, Lulu želi da doživi još više. Hajde da posetimo ajkulu! O čemu li ona sanja?

Der Haifisch spielt Fangen mit den Fischen. Endlich hat er Freunde! Keiner hat Angst vor seinen spitzen Zähnen.
Als der Traum zu Ende ist, will Lulu noch mehr erleben. Kommt mit, wir besuchen den Elefanten! Was der wohl träumt?

Ајкула се игра јурке са рибама. Коначно има другове! Нико се не плаши њених оштрих зуба. Када се сан заврши, Лулу жели да доживи још више. Хајде да посетимо слона! О чему ли он сања?

Ajkula se igra jurke sa ribama. Konačno ima drugove! Niko se ne plaši njenih oštrih zuba. Kada se san završi, Lulu želi da doživi još više. Hajde da posetimo slona! O čemu li on sanja?

Der Elefant ist so leicht wie eine Feder und kann fliegen! Gleich landet er auf der Himmelswiese.

Als der Traum zu Ende ist, will Lulu noch mehr erleben. Kommt mit, wir besuchen die kleine Maus! Was die wohl träumt?

Слон је лак као једно перо и може да лети! Ускоро ће да слети на небеску ливаду. Када се сан заврши, Лулу жели да доживи још више.
Хајде да посетимо миша! О чему ли он сања?

Slon je lak kao jedno pero i može da leti! Uskoro će da sleti na nebesku livadu. Kada se san završi, Lulu želi da doživi još više. Hajde da posetimo miša! O čemu li on sanja?

Die kleine Maus schaut sich den Rummel an. Am besten gefällt ihr die Achterbahn.

Als der Traum zu Ende ist, will Lulu noch mehr erleben. Kommt mit, wir besuchen den Drachen! Was der wohl träumt?

Мали миш гледа вашар. Највише му се свиђа ролеркостер.
Када се сан заврши, Лулу жели да доживи још више. Хајде да посетимо змаја!
О чему ли он сања?

Mali miš gleda vašar. Najviše mu se sviđa rolerkoster.
Kada se san završi, Lulu želi da doživi još više. Hajde da posetimo zmaja!
O čemu li on sanja?

Der Drache hat Durst vom Feuerspucken. Am liebsten will er den ganzen Limonadensee austrinken.
Als der Traum zu Ende ist, will Lulu noch mehr erleben. Kommt mit, wir besuchen das Känguru! Was das wohl träumt?

Змај је жедан од пљувања ватре. Најрадије би попио цело језеро лимунаде. Када се сан заврши, Лулу жели да доживи још више. Хајде да посетимо кенгура! О чему ли он сања?

Zmaj je žedan od pljuvanja vatre. Najradije bi popio celo jezero limunade. Kada se san završi, Lulu želi da doživi još više. Hajde da posetimo kengura! O čemu li on sanja?

Das Känguru hüpft durch die Süßigkeitenfabrik und stopft sich den Beutel voll. Noch mehr von den blauen Bonbons! Und mehr Lollis! Und Schokolade! Als der Traum zu Ende ist, will Lulu noch mehr erleben. Kommt mit, wir besuchen den Ritter! Was der wohl träumt?

Кенгур скаче кроз фарбику слаткиша и пуни своју торбу. Још више плавих бомбона! И више лизалица! И чоколаде! Када се сан заврши, Лулу жели да доживи још више. Хајде да посетимо витеза! О чему ли он сања?

Kengur skače kroz farbiku slatkiša i puni svoju torbu. Još više plavih bombona! I više lizalica! I čokolade! Kada se san završi, Lulu želi da doživi još više. Hajde da posetimo viteza! O čemu li on sanja?

Der Ritter macht eine Tortenschlacht mit seiner Traumprinzessin. Oh! Die Sahnetorte geht daneben!
Als der Traum zu Ende ist, will Lulu noch mehr erleben. Kommt mit, wir besuchen den Affen! Was der wohl träumt?

**Витез води битку тортама са својом принцезом из снова. Ох! Крем торта је промашила мету! Када се сан заврши, Лулу жели да доживи још више. Хајде да посетимо мајмуна! О чему ли он сања?**

Vitez vodi bitku tortama sa svojom princezom iz snova. Oh! Krem torta je promašila metu! Kada se san završi, Lulu želi da doživi još više. Hajde da posetimo majmuna! O čemu li on sanja?

Endlich hat es einmal geschneit im Affenland! Die ganze Affenbande ist aus dem Häuschen und macht Affentheater.
Als der Traum zu Ende ist, will Lulu noch mehr erleben. Kommt mit, wir besuchen den Piloten! In welchem Traum der wohl gelandet ist?

Коначно да и једном падне снег у земљи мајмуна! Цело мајмунско друштво се радује и мајмунише унаоколо. Када се сан заврши, Лулу жели да доживи још више. Хајде да посетимо пилота, у чијем ли је сну он слетео?

Konačno da i jednom padne sneg u zemlji majmuna! Celo majmunsko društvo se raduje i majmuniše unaokolo. Kada se san završi, Lulu želi da doživi još više. Hajde da posetimo pilota, u čijem li je snu on sleteo?

Der Pilot fliegt und fliegt. Bis ans Ende der Welt und noch weiter bis zu den Sternen. Das hat noch kein anderer Pilot geschafft.

Als der Traum zu Ende ist, sind alle schon sehr müde und wollen nicht mehr so viel erleben. Aber den Babylöwen wollen sie noch besuchen. Was der wohl träumt?

Пилот лети и лети. До краја света, па чак и даље до звезда. Ниједан други пилот није то успео. Када се сан заврши, сви су већ јако уморни и не желе више тако пуно да доживе. Али лавића желе још да посете. О чему ли он сања?

Pilot leti i leti. Do kraja sveta, pa čak i dalje do zvezda. Nijedan drugi pilot nije to uspeo. Kada se san završi, svi su već jako umorni i ne žele više tako puno da dožive. Ali lavića žele još da posete. O čemu li on sanja?

Der Babylöwe hat Heimweh und will zurück ins warme, kuschelige Bett. Und die anderen auch.

Und da beginnt ...

Лавић има чежњу за домом и жели да се врати у топли и удобан кревет.
И остали исто тако.
И тамо почиње …

Lavić ima čežnju za domom i želi da se vrati u topli i udoban krevet.
I ostali isto tako.
I tamo počinje …

... Lulus
allerschönster Traum.

... Лулин
најлепши сан.

... Lulin
najlepši san.

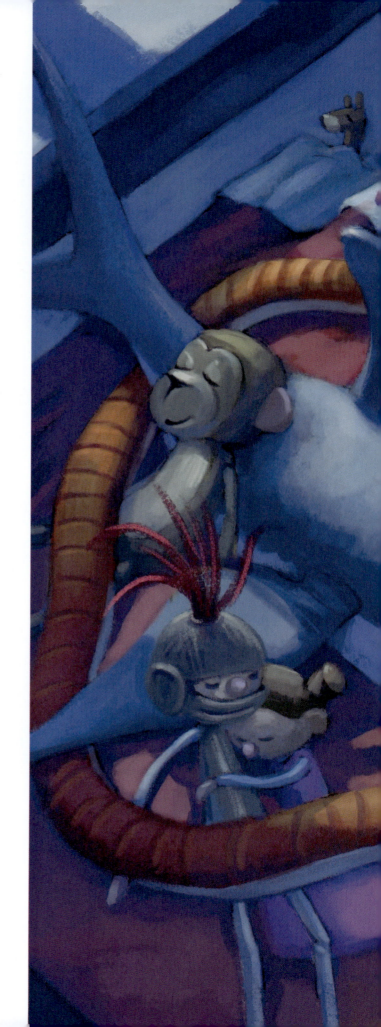

Cornelia Haas, geboren 1972, machte zunächst eine Ausbildung zur Schilder- und Lichtreklameherstellerin. Danach hängte sie Schilder und Beruf an den Nagel und studierte Grafik-Design in Münster. Inzwischen illustriert sie mit großem Vergnügen Kinder- und Jugendbücher für verschiedene Verlage. Seit 2018 ist sie Professorin für Illustration an der Fachhochschule Münster.

Корнелија Хас рођена је 1972. године у Ихенхаузену код Аугсбурга (Немачка). Након што је учила занат фирмописца, студирала је дизајн на Универзитету примењених знаности у Минстеру, где је дипломирала као дизајнерка. Од 2001. године илуструје књиге за децу и младе, од 2013. године предаје акрилно и дигитално сликарство као доценткиња на Универзитету примењених знаности Минстер.

Kornelija Has rođena je 1972. godine u Ihenhauzenu kod Augsburga (Nemačka). Nakon što je učila zanat firmopisca, studirala je dizajn na Univerzitetu primenjenih znanosti u Minsteru, gde je diplomirala kao dizajnerka. Od 2001. godine ilustruje knjige za decu i mlade, od 2013. godine predaje akrilno i digitalno slikarstvo kao docentkinja na Univerzitetu primenjenih znanosti Minster.

**www.cornelia-haas.de**

# Malst du gerne?

Hier findest du noch mehr Bilder der Geschichte zum Ausmalen:

## www.sefa-bilingual.com/coloring

**Schlaf gut, kleiner Wolf**

Lesealter: ab 2 Jahren

Tim kann nicht einschlafen. Sein kleiner Wolf ist weg! Hat er ihn vielleicht draußen vergessen?
Ganz allein macht er sich auf in die Nacht – und bekommt unerwartet Gesellschaft…

### In Ihren Sprachen verfügbar?

▶ Schauen Sie in unserem „Sprachen-Zauberhut" nach:

www.sefa-bilingual.com/languages

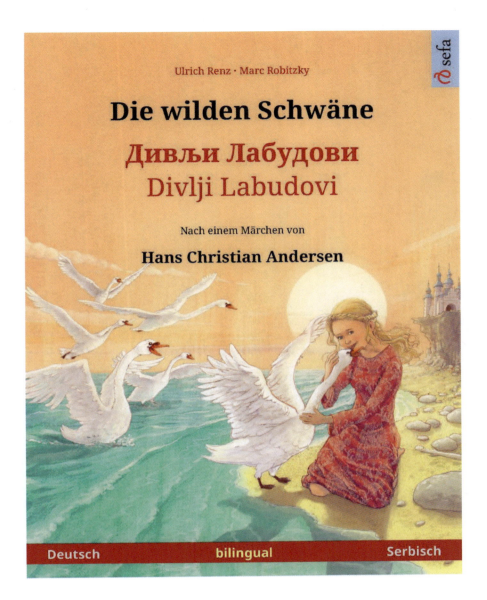

**Die wilden Schwäne**

Nach einem Märchen von Hans Christian Andersen

Lesealter: ab 4-5 Jahren

„Die wilden Schwäne" von Hans Christian Andersen ist nicht umsonst eines der weltweit meistgelesenen Märchen. In zeitloser Form thematisiert es den Stoff, aus dem unsere menschlichen Dramen sind: Furcht, Tapferkeit, Liebe, Verrat, Trennung und Wiederfinden.

**In Ihren Sprachen verfügbar?**

▶ Schauen Sie in unserem „Sprachen-Zauberhut" nach:

www.sefa-bilingual.com/languages

© 2023 by Sefa Verlag Kirsten Bödeker, Lübeck, Germany
www.sefa-verlag.de

Special thanks to Paul Bödeker, Freiburg, Germany

Copy editing Serbian and Croatian: Nataša Mindić, Essen, Germany
Thank you so much, Nataša!

All rights reserved. No part of this book may be reproduced without the written consent of the publisher.

www.sefa-bilingual.com

Printed in Poland
by Amazon Fulfillment
Poland Sp. z o.o., Wrocław